Nordische Mythologie für Einsteiger

Entdecken Sie die spannenden und geheimnisvollen Mythen und Sagen der nordischen Welt aus Edda & Co.

Viktor Kulas

✈ INHALT

Das erwartet Sie in diesem Buch

Beinahe jedem sind Namen wie Thor und Loki aus Filmen, Comics und anderen Ecken der Medienwelt heute geläufig, aber woher stammen diese?

Genau damit befasst sich dieses Buch. Sie tauchen für eine Weile in die Ursprünge dieser bekannten Namen ein – in die nordische Mythologie. Dabei können Sie sich nicht nur über die wissenschaftlichen Quellen einen Überblick verschaffen, um gegebenenfalls dort im Anschluss selbst noch genauer nachzuforschen, als die Dinge hier ausgebreitet werden, Sie wandern außerdem für eine kurze Zeit durch die mythologische Welt, die in der vorchristlichen Zeit geschaffen wurde. Sie werden dabei nicht nur ihre Bewohner wie beispielsweise die Asen und namhafte Wesen wie die Midgardschlange kennenlernen, sondern auch einige zentrale Elemente und Mythen, die diese Welt formen und über Generationen erzählt wurden. Wagen Sie es, sich mit den verschiedenen Welten dieser alten Mythologie auseinanderzusetzen, die von dem großen Weltenbaum verbunden wurden, erfahren

Sie von der Schöpfungsgeschichte, die man sich damals erzählte – und von dem tragischen Ende Ragnarök, das gleichzeitig für einen Neubeginn sorgen sollte. Werfen Sie einen Blick auf alte Heldenmythen, die aus jener Zeit überliefert wurden, und erfahren Sie mehr von den großen Taten, die man zur Unterhaltung erzählte.

Die nordische Mythologie mag alt und weitläufig sein, aber in den Mysterien dieser Welt für einige Zeit zu verschwinden und dabei Ihren Horizont zu erweitern, ist mithilfe dieses Buches gleich ein ganzes Stück einfacher und schon bald wird hoffentlich Ihr Interesse geweckt sein, nach dem kurzen Überblick, den dieses Buch bietet, noch mehr Zeit in der sagenhaften Welt verbringen zu wollen.

Ein erster Schritt

W er sich in die Tiefen der nordischen Sagenwelt begibt, wird schnell feststellen, dass sich häufig mehrere Mythologien miteinander vermischen (und gelegentlich Motive aus anderen Mythologien wie der griechischen oder römischen auftauchen). In erster Linie umfassen die nordischen Mythen Erzählungen und religiöse Vorstellungen aus dem skandinavischen Raum, der für sich selbst gesehen in jener Zeit auch schon nicht homogen war, also von voneinander abweichenden kulturellen Ansichten geprägt war.

Das bedeutet, hinter den nordischen Sagen findet sich nicht eine einzige Version von religiösen Anschauungen, Riten und Motiven, sondern es sind von vornherein Unterschiede zu erwarten. Dieses Bild der

Mythologie verschärft sich nur noch weiter, wenn man dann auch noch davon ausgeht, dass andere europäische Einflüsse aus jener Zeit niederschlagen – ganz besonders germanische. Es gibt einige Quellen aus dem germanischen Raum, die die Mythologie aus Skandinavien wieder aufgreifen und gegebenenfalls abwandeln und anpassen.

Insgesamt lässt sich die nordische Sagenwelt aber darauf festlegen, dass sie aus einer Zeit vor der Christianisierung Skandinaviens stammt und auf zwei verschiedenen „Grundprinzipien" fußte: Naturgeistern und Göttern. Während Götter sich in menschlicher Gestalt zeigten, traten Naturgeister wohl häufig in Tiergestalt auf und waren oft mit einem bestimmten Ort in der Natur verbunden.

Die nordische Sagenwelt ist ein weitläufiges Konstrukt und man verliert dabei gern einmal den Überblick. Dieser kleine Ratgeber soll Ihnen daher helfen, sich einen groben Überblick über die Forschungslage und die über einzelnen Elemente dieses regelrechten Irrgartens zu erfahren.

Im Zentrum der Mythologie steht mitunter eine große Esche, die die Welt zusammenhalten soll. Yggdrasil, so nennt sich diese übergroße Esche, verbindet die verschiedenen Reiche der Mythologie – die

Götterwelt Asgard, die Menschenwelt Midgard, die an das Heim der Riesen angrenzt, Jötunheim und zu guter Letzt Niflheim, die Unterwelt, in der das Totenreich liegt. Der zentrale Aspekt dieses eigenen, kleinen Kosmos sind die Götter und die Riesen, die von Anfang bis zum Ende der Mythen verfeindet sind und ihre Fehde – mit einigen Ausnahmen – nie aufgeben und einander regelmäßig wegen irgendwelcher Geschehnisse attackieren.

Über all diesen (manchmal doch recht banal scheinenden) Taten hängt jedoch drohend eine große Prophezeiung, die das Ende der Welt vorhergesagt – Ragnarök. Während die Götter alles tun, damit es nicht so weit kommt, versuchen ihre Gegenspieler – in diesem Fall nicht nur die Riesen, sondern auch andere Monster –, das Ende um jeden Preis heraufzubeschwören.

In vielen der Mythen stehen typische kriegerische Merkmale im Fokus – Tapferkeit, Klugheit, Stärke, Ehre. Sie scheinen die wichtigsten Werte in der damaligen Zeit gewesen zu sein und ziehen sich deutlich durch viele Sagen hindurch.

Doch nun stellt sich doch die Frage: Woher weiß man heute noch, worum es überhaupt ging und wie wichtig die Mythologie für die Menschen damals war?

Die wissenschaftlichen Quellen

Von archäologischer Seite aus kann man die Spuren der nordischen Mythologie sogar bis 1500 v. Chr. zurückverfolgen. In dieser Zeit gibt es bereits erste Hinweise auf Fruchtbarkeits- und Sonnenkulte, die sich zum Beispiel als Felsritzungen erhalten haben. Ebenfalls in der späten Bronzezeit, zwischen 1500 und 1000 v. Chr., traten wohl die ersten Feuerbestattungen auf, die man anhand von Urnenfunden datieren kann. Der Gedanke hinter Feuerbestattungen war wohl der, die Seele des Menschen von ihrer fleischlichen Hülle zu befreien und sie auf das Jenseits vorzubereiten.

Um 400 v. Chr. ändert sich der Bestattungsritus jedoch und besonders hochrangige Menschen werden auf einem Schiff mit ihren wertvollsten Besitztümern bestattet. Häufig wurden ihnen auch Münzen mitgegeben, was an den Glauben der Griechen anzuschließen scheint, die diesem Vorgehen ebenfalls folgten und so hofften, den mythischen Fährmann Charon zu bezahlen, der ihre verstorbenen Geliebten in die Unterwelt übersetzen sollte.

In der Zeit zwischen 0 und 100 n. Chr. treten schließlich die ersten schriftlichen Quellen auf: Votivsteine germanischer Soldaten (also Opfergaben) sind mehrfach gefunden worden. Auf ihnen finden sich kurze Botschaften, die jedoch heute zum Teil schwierig zu verstehen sind, da sie ein gewisses Wissen über den Kontext bereits voraussetzen. Nennenswert ist an dieser Stelle aber auch Tacitus, ein römischer Geschichtsschreiber, der von den Mythen nördlich der Alpen berichtet. Außerdem gibt es natürlich noch weitere Schreiber, die in dieser Zeit ihr Wissen festhielten und anhand beispielsweise kirchlicher Beschlüsse und Gesetze kann man sich ein Bild von der frühen religiösen

Praxis auf dem Kontinent machen. Im 5. Jahrhundert taucht dann die erste Darstellung der mythischen Midgardschlange in Lyngby auf einem Medaillon auf. Die Weltenschlange, die sich einmal um Midgard schlingt und sich selbst in den Schwanz beißt, wird von da an bis in das 12. Jahrhundert hinein zu einem regelmäßigeren Motiv.

Im darauffolgenden Jahrhundert berichtet der griechische Geschichtsschreiber Prokop von der Verehrung von Göttern und Naturgeistern im Norden, denen von den Einwohnern dort stetig geopfert wurde. Als wichtigster Gott wird in diesem Zusammenhang Tyr genannt, der den Griechen als Ares geläufig war – heute vermutet man, dass Tyr ein Vorläufer von Odin gewesen sein könnte.

Ab 900 n. Chr. wurde schließlich der Kriegerstand etabliert und die Skaldendichtung begann. Man geht tatsächlich davon aus, dass die meisten Mythen, die heute noch erhalten sind, erst in dieser Zeit entstanden sind und ihre möglichen Vorgängerversionen nur teilweise in die festgehaltenen Mythen wieder etabliert wurden und daher natürlich einige Veränderungen durchliefen. Von dieser Zeit scheinen die ersten Bestandteile der Mythologie auch ihren Weg nach Island gefunden zu haben, denn auch die Sagen dort greifen

Elemente und Sagengestalten der nordischen Mythologie auf, um sie mit ihren eigenen Stoffen zu verweben. Da wäre beispielsweise das *Skírnismál*, das in einigen Flüchen Odin, Thor und Frey anruft, oder die *Egils saga*, die ebenfalls in einem Fluch Odin, Frey und Njörd nennt.

Nachdem im 11. Jahrhundert die Christianisierung in Dänemark begann und sich langsam in den Norden ausbreitete, war es dann im 13. Jahrhundert so weit und die bekanntesten Werke fanden ihren Weg in die Welt: die Ältere Edda, die Lieder-Edda und die Snorra-Edda, die auch als Prosa-Edda bekannt ist und von Snorri Sturlurson verfasst wurde, der fürchtete, dass die nordischen Mythen durch die Christianisierung verloren gehen könnten und sie deshalb schriftlich festhielt.

Sie fußt auf den anderen beiden Eddas und ist heutzutage die Quelle, auf der die meisten Annahmen über die Mythologie aufbauen – bei ihrer Betrachtung darf man jedoch nicht vergessen, dass die Snorra-Edda schon aus einer Zeit stammt, in der das Christentum für bereits zwei Jahrhunderte die vorherrschende Religion in Skandinavien war. Deswegen ist nicht auszuschließen, dass Snorris Nacherzählungen einige christliche Elemente aufgefasst haben oder zumindest vom

Christentum beeinflusst wurden, wenn auch nicht zwangsläufig sehr eindeutig oder offensichtlich. Ganz zu schweigen von den Erzählungen, die an historische Ereignisse angelehnt wurden, die aber offensichtlich erst lange nach den Geschehnissen niedergeschrieben wurden.

Der Großteil des heutigen Wissens stammt also aus Schriftstücken, von alten Geschichtsschreibern und von archäologischen Artefakten, insbesondere Votivgaben. Viele schriftliche Überlieferungen stammen jedoch aus den höheren, gesellschaftlichen Schichten und helfen daher nicht dabei, ein klares Bild davon zu zeichnen, wie weit all diese Dinge letzten Endes verbreitet waren.

Aber genug von den historischen Hintergründen – es wird Zeit, sich mit dem Inhalt der nordischen Mythologie zu befassen – angefangen mit einigen wichtigen Gestalten.

Die mythologischen Bewohner

In der nordischen Mythologie findet sich eine vielfältige Bewohnerschaft, die sich in allen Welten rund um den Baum Yggdrasil herum verteilt und dort ihr Leben verbringt. Da gibt es zum einen die Riesen, aber auch die Göttergeschlechter und eine Vielzahl an mythologischen Wesen, manche mehr, manche weniger namhaft. In diesem Kapitel werden Sie die wichtigsten Gruppen und ihre namhaftesten Vertreter ein wenig genauer kennenlernen, damit Sie hinterher bestens Bescheid wissen, wer sich in den Weiten dieser sagenhaften Welt herumtreibt.

DIE ASEN, ERSCHAFFER DER MENSCHEN

Zwei Göttergeschlechter finden sich in der nordischen Mythologie und das jüngere der beiden sind die sogenannten Asen. Zwölf von ihnen sind wohl laut der Jüngeren Edda in Asgard wohnhaft und allgemein werden sie als das kriegerischere der beiden Göttergeschlechter betrachtet; sie sind stark, mächtig – aber nicht unsterblich. Ihre ewige Jugend hängt nur an den Äpfeln einer bestimmten Göttin – Idun, Göttin der Jugend und Unsterblichkeit.

Außerdem kommt den Asen noch eine weitere besondere Rolle zu: Sie gelten auch als die Erschaffer der Menschen, oder vielmehr tut das mindestens einer, vielleicht aber auch drei von ihnen (das hängt davon ab, ob man die Prosa-Edda oder die Völuspá danach befragt). Und dieser eine ist niemand anderes als:

Odin
Der Allvater und Anführer der Asen. Odin soll nicht nur an der Erschaffung der ersten Menschen, Ask und Embla, sondern auch an der der Erde beteiligt gewesen

sein, nachdem er das erste Lebewesen, den Riesen Ymir, einst tötete. Der Vater aller Götter wurde häufig als ein bärtiger Mann mit nur einem Auge dargestellt – das andere gab er einst dem Riesen Mimir, um stattdessen verborgene Dinge sehen zu können, nachdem er aus dem Brunnen der Weisheit am Yggdrasil getrunken hatte –, er trug oft einen Hut und einen Mantel.

Er wurde stets begleitet von seinem achtbeinigen Ross Sleipnir, welches sogar fliegen konnte, und seinen zwei Raben – Hugin und Munin. Das geflügelte Duo wurde zu Beginn des Tages von Odin ausgesandt und wenn sie später am Morgen zurückkehrten, berichteten sie dem Gott von all den Dingen, die sie auf ihrem Flug durch die Welt gesehen und gehört hatten, sodass er immer Bescheid wusste, was rund um den Baum Yggdrasil vor sich ging.

Wie sein Titel als Göttervater es bereits impliziert, hatte er jede Menge göttliche Nachkommen – darunter auch der Donnergott Thor.

Der Allvater Odin wird allgemein als ein Gott der Weisheit, der Heilung, des Todes und des Krieges betitelt, neben weiteren Bezeichnungen wie beispielsweise *Hrafnáss*, der Rabengott. Auch als *Wotan* oder *Wodan* ist er bekannt.

Thor

Thor war in der germanischen Kultur auch unter dem Namen Donar bekannt und im Gegensatz zu seinem Vater Odin nicht als Kriegsgott, sondern als Wettergott berufen, obgleich ihm große Stärke zugesprochen wurden. Er war der Beschützer Asgards und vermutlich der am meisten verehrte nordische Gott. Ohne seinen immer wiederkehrenden Hammer Mjölnir war der Gott nicht anzutreffen; mit diesem tötete er Riesen und zerstörte ganze Berge, während er mit seinem Wagen in den Kampf zog, der von zwei riesigen Ziegen gezogen wurde. Diese beiden Böcke waren Tanngnjostr und Tanngrisnir.

Man sagte von Thor, dass er Bifröst nicht benutzen durfte, sondern durch den Fluss waten musste, wenn er wütend war, da seine Haare Funken sprühten und er eine unheimliche Körperwärme erzeugte.

Frigg

Odin zeugte mit verschiedenen Frauen seine Kinder – beispielsweise Thor mit der Erdgöttin Jörd –, doch er war auch mit einer Göttin verheiratet, und zwar mit Frigg, was sie mutmaßlich zur mächtigsten nordischen Göttin machte. Frigg, häufig auch als Frigga bezeichnet, war das nordische Äquivalent zu der griechischen

Göttin Hera. Sie war die Schutzgöttin der Ehe, Familie und Mutterschaft, aber auch der Fruchtbarkeit und des Himmels selbst. Unter ihren Kindern befand sich nicht nur Balder, sondern auch Bragi, Hermod und Hödur und sogar die Walküren.

Balder

Thors Halbbruder Balder galt als ein barmherziger, friedlicher und fairer Gott, er soll der Inbegriff alles Guten und Schönen gewesen sein – er war der Gott des Lichtes und der Reinheit. Trotz dieser Dinge ist er jedoch in der Mythologie hauptsächlich für seinen prophezeiten Tod bekannt (siehe: Wie Balder von einer Mistel getötet wurde).

Heimdall

Der Besitzer des schallenden Horns, dem *Gjallarhorn*, wurde eine Weisheit nachgesagt, die sich sonst nur bei den Wanen fand. Heimdall war der Wächter der Götter und hielt mit seinen scharfen Sinnen an der Regenbogenbrücke Bifröst die Stellung, die Midgard und Asgard miteinander verband. Seine heiligen Tiere sollen die Widder gewesen sein und er besaß ein Pferd mit dem Namen Gulltopp. Ertönte sein Horn, dann war der Weltuntergang in greifbarer Nähe und Ragnarök drohte.

Loki

Loki war streng genommen womöglich kein richtiger Ase. Er wurde in den Quellen explizit als solcher bezeichnet, aber durch seine Abstammung von einem Riesen väterlicherseits ist unsicher, wozu er gezählt werden sollte (wobei dieses dann auch für Odin gelten müsste, denn auch der Allvater stammt zur Hälfte von den Riesen ab).

Loki war ein Blutsbruder des Allvaters und schenkte ihm einst das achtbeinige Pferd Sleipnir; Thor verhalf er zu seinem Hammer. Doch sein Titel als Gott des Bösen und des Unheils war nicht unbegründet – er half den Asen und Wanen zwar einige Male, aber mindestens genauso oft behinderte er ihre Taten auch und verriet sie. Er bestahl beispielsweise Freya, er kämpfte gegen Heimdall und war beteiligt am Tod des Balder, wofür er letzten Endes sogar aus Asgard verbannt wurde. Loki war vermutlich mehrmals verheiratet oder hatte zumindest mehrere Liebschaften. Sigyn war wohl seine treuste Gefährtin, die ihm später sogar während der Bestrafung von den Asen beistand und das Gift auffing, das auf ihn hinabtropfte. Eine seiner anderen Liebschaften war die Riesin Angrboda, mit der er die Totengöttin Hel, den Fenriswolf und die Midgardschlange in die Welt brachte.

DAS ÄLTERE GÖTTERGESCHLECHT – DIE WANEN

Neben den Asen gab es dann natürlich auch noch das ältere Göttergeschlecht, die sogenannten Wanen. Einst gewannen sie zwar im Wanenkrieg gegen die Asen, doch die Wanen waren eigentlich weniger kriegerisch veranlagt als ihre jüngeren Mitgötter und galten als Fruchtbarkeits- und Wohlstandsgötter. Sie handelten damals einen Frieden mit den Asen aus und es kehrte wieder Ruhe ein. Teil dieses ausgehandelten Friedens waren unter anderem die Wanen Njörd und seine beiden Kinder.

Njörd

Njörd war einer der Götter, der im Zuge der Friedensverhandlungen des Wanenkrieges als Geisel von Wanaheim nach Asgard geschickt wurde. Der Wane war bekannt als Gott des Meeres und der Seefahrt, er war der Hüter der Meerestiere. Sein Wagen wurde daher von zwei Walen gezogen – am Land wurden sie jedoch zu Ochsen.

Njörd war verheiratet mit Skadi, doch ihre Ehe scheiterte wohl an ihren Vorlieben, da er die See und sie die Berge bevorzugte und keiner in der Heimat des anderen dauerhaft leben wollte. Dennoch zeugten sie die Zwillinge Freya und Freyr.

Freya

Die Tochter Njörds wurde ebenfalls ehemals als Geisel nach Asgard geschickt, auch sie stammte aus dem Geschlecht der Wanen. Freya war die Göttin der Liebe, der Fruchtbarkeit, der Schönheit – auch ihr wurden viele Titel zuteil. Sie besaß ein Gewand aus Falkenfedern, das *Valhamr*, einen von Katzen gezogenen Wagen und das Halsband *Brisingamen*, das von Zwergen geschmiedet worden war und Freyas magische Kräfte verstärkt haben soll. In Darstellungen besaß sie häufig Schild und Speer und trug eine Rüstung über einem fließenden Gewand. Außerdem ritt sie häufig den goldborstigen Eber Hildisvini.

Freya wurde der Palast Folkwang gegeben, in dem jeweils die Hälfte aller Krieger unterkam, die in einer Schlacht gefallen waren. Die andere Hälfte wurde nach Walhalla gebracht, in Odins Saal.

Freya wird heute häufig mit Frigg verwechselt/vermischt, aber Freya bekleidet nur den Rang als zweithöchste Göttin der nordischen Mythologie nach Odins Frau. Dennoch gibt es auch Quellen, in denen Loki

Freya beschuldigt, mit den meisten Göttern geschlafen zu haben – demnach also auch Odin.

DIE JÖTEN

Man kann erahnen, was Sie jetzt denken, wenn Sie bereits von den Jöten gehört haben – „Handelt es sich hier nicht um die Riesen? Dann müssen sie wirklich enorm groß gewesen sein." Tatsächlich hat ihr Beiname jedoch nichts mit ihrer körperlichen Größe zu tun.

Die Jöten waren nicht größer als die Asen und Wanen; mit der Beschreibung als „Riese" sollte lediglich ein Furcht einflößendes Bild bei dem Rezipienten erschaffen werden. Es gibt nur einen einzigen Beleg für die übermäßige Größe eines Jöten, und zwar für die von Utgardloki – doch diese war lediglich eine List.

Die Riesen lebten in Jötunheim, ihrem separierten Reich, das von Utgardloki beherrscht wird, und ihr Name lässt sich in etwa als „Verschlinger" übersetzen. Sie sind das älteste Gegenstück für die Wanen und Asen, sie sind das Chaos entgegen ihrer Ordnung. Sie sind übermenschlich stark, beinahe wie die Asen, und tatsächlich noch älter als die Wanen.

Angrboda

Angrboda war eine der Geliebten oder potenziellen Frauen von Loki. Ihr Name bedeutet so viel wie Trauerbringer und umso besorgter waren die Asen ob der drei Kinder des Paares, denn die drei Ungetüme bedeuteten für die anderen Götter Ärger, einfach nur ihrer Abstammung wegen.

Ymir

Alles hat einen Anfang und im Fall der nordischen Mythologie stand Ymir als der erste Riese eindeutig im Fokus. Er wurde geschaffen, als die Biome von Muspel- und Niflheim aufeinandertrafen, gemeinsam mit der Kuh Audhumbla, deren Milch er trank, um zu überleben. Aus seinem Schweiß und seinen Füßen gebar er drei Kinder, bevor er schließlich von Odin, Vé und Vili getötet und zur Erde geformt wurde. In seinem Blut ertranken alle anderen Jöten, bis auf Bergelmir und seine Frau, die flüchteten und weitere Jöten zur Welt bringen konnten.

DIE SCHICKSALS-SPINNENDEN NORNEN

Das Schicksal und die Zukunft spielten auch in der nordischen Mythologie eine wichtige Rolle – kein

Wunder, da man immerhin nur dank Prophezeiungen darauf wartete, dass Ragnarök über die Welt hereinbrach. Dementsprechend gab es auch eine kleine Gruppe Damen, die sich damit befasste – die Nornen.

Bei den Nornen handelte es sich um drei Töchter, die entweder von den Zwergen, den Riesen oder den Göttern abstammten; das ist nicht ganz klar. Ihre Namen waren Skuld, Urd und Verdandi. Verdandi stand dabei für die Gegenwart und das Werdende, Urd für das Schicksal und die Vergangenheit und Skuld für die Zukunft und das, was sein sollte – das Notwendige.

Sie wohnten wohl an den Wurzeln des Yggdrasils an der Urdquelle, der Quelle des Schicksals, und kümmerten sich dort nicht nur um die Schwäne auf der Quelle und die Wurzeln der großen Esche, sondern entschieden auch über die Lebensdauer eines jeden Lebewesens.

Häufig taucht in Verbindung mit diesen Namen auch *Wyrd* auf. Man ist sich anhand verschiedener Quellen jedoch unsicher, ob es sich dabei um einen anderen Namen Urds handelt, um die drei Nornen in ihrer Gesamtheit oder vielleicht sogar ihre Mutter.

DIE WALKÜREN

Während Freya einen Teil der gefallenen Helden, wie bereits erwähnt, in Folkwang unterbringt, kümmern sich die Walküren um die andere Hälfte und bringen sie in die heiligen Hallen von Walhalla, über die Odin herrscht. Die Walküren sind dabei entweder mindere Gottheiten oder weibliche Geistwesen aus dem Gefolge des Allvaters und werden auch als Schild- oder Kampfjungfern bezeichnet.

Sie entschieden, welche Helden auf dem Schlachtfeld fielen und welche in die heiligen Hallen einzogen, und sie waren eventuell mit den Nornen eng verbunden. Ihre Anzahl variiert in den Erzählungen von drei bis hin zu 27; teilweise sollen sie dazu in der Lage gewesen sein, sich in Wölfe oder Raben zu verwandeln. In einer Erzählung wird sogar davon berichtet, dass drei von ihnen zur Erde hinabflogen und ihre Flügel ablegten, um zu baden. Kurz darauf wurden ihre Flügel jedoch von drei Brüdern gestohlen und sie behielten die Walküren für ganze neun Jahre als ihre Frauen bei sich.

MYTHOLOGISCHE WESEN

Neben all den Menschen-ähnlichen Entitäten beheimateten Midgard und die anderen Welten aber natürlich auch eher tierische Wesen – das Spektrum erstreckte sich hier von Raben über Hirsche und Eber bis hin zu Lindwürmern und riesigen Wölfen.

Einige sind Begleiter der namhaften Götter oder ihre heiligen Tiere, wie Sie bereits gelernt haben, aber es schadet nicht, einen Blick auf die Herkunft einiger ausgewählter, namhafter Wesen zu werfen:

Sleipnir

Sleipnir wurde bereits mehrfach erwähnt – es handelt sich hierbei um ein achtbeiniges Ross, das Loki einst seinem Blutsbruder Odin schenkte. Doch wer ist Sleipnir und woher kommt so ein ungewöhnliches Reittier? Sleipnir stammt aus einer Liebschaft Lokis mit dem Hengst Svadilfari. Loki hatte sich in eine Stute verwandelt, um den Hengst zu verführen, da dieser dabei helfen sollte, die Mauer um Asgard herum innerhalb eines Winters zu errichten. Der Bauherr, ein nicht weiter bekannter Hrimthurse (Frostriese), hätte für das Erreichen dieses Ziels nicht nur Sonne und Mond als Geschenk, sondern auch Freya zur Frau erhalten, was Loki so erfolgreich verhinderte.

Der Hrimthurse fühlte sich verraten und wollte die Götter töten, woraufhin Thor ihn erschlug und ihnen bewusst wurde, dass sie es mit einem Riesen zu tun gehabt hatten.

Fenriswolf

Der Fenriswolf, auch einfach nur Fenrir genannt, ist ebenfalls eines von Lokis Sprösslingen und der erste Nachwuchs, den er mit Angrboda bekam. Er war ein Wolf von unglaublicher Größe und Odin nahm ihn einst mit nach Asgard, als er noch klein war. Er hoffte, dass er ihn zähmen könnte, doch die Vorstellungen der Götter wurden übertroffen – und das nicht im positiven Sinne. Das Tier wurde riesig und stärker, als ihnen lieb war, sodass sie ihn schließlich mit einer speziellen Kette, *Laeding*, festketteten. Er befreite sich jedoch und sie versuchten es mit *Droma* und schließlich mit *Gleipnir*, das als unzerbrechliche Arbeit der Zwerge galt.

Fenrir hatte sich nur anketten lassen, wenn einer der Götter eine Hand in sein Maul legte und als er bemerkte, dass er nicht mehr freikam, biss er die Hand des Gottes ab – in diesem Fall Tyrs – und heulte, woraufhin ihm ein Schwert in den Rachen gerammt wurde. Aus dem Blut entstand der Fluss Von.

Der Wolf verbrachte den Rest seines Lebens bis

zum Tag der Ragnarök an einen Felsen gekettet und befreite sich erst dann, um an der Seite seines Vaters Loki in den Kampf gegen die Götter zu ziehen. Er fand sein Ende in dieser Schlacht, als der Gott Vidar seinen Kopf mit bloßen Händen in zwei Teile zerriss.

Gleipnir galt als unzerbrechlich, wurde ironischerweise aber wohl aus regelrecht absurden Dingen wie Bartharen einer Frau und der Stimme eines Fisches gefertigt.

Nidhöggr

Wie bereits erwähnt, existierten in dieser Mythologie auch Kreaturen wie Lindwürmer oder Drachen – obwohl Experten nun sicher ausgiebig darüber diskutieren würden, ob man sie in einer Gruppe pauschalisieren sollte oder nicht, was wohl an den unterschiedlichen Vorstellungen sämtlicher Mythologien liegt. Die Briten würden an dieser Stelle sicher darauf pochen, dass es sich bei Lindwürmern lediglich um eine flügellose Wyvern handelt, also einen zweibeinigen Drachen, während irgendjemand anders mit Sicherheit behaupten würde, ein flügelloses Monster könne kein Drache sein.

Im Falle von Nidhöggr haben Sie es je nach Quelle

mit einem Drachen oder einer Schlange zu tun – oder auch mit einem schlangenartigen Drachen. Das Monster knabberte über Jahrhunderte hinweg an den Wurzeln des Weltenbaumes Yggdrasil und fraß während Ragnarök von den Leichen gefallener Krieger. Er lebt mit anderen Schlangen an der Quelle Hvergelmir, die alle Flüsse speist und an der dritten Wurzel der Esche liegt, so zumindest die Prosa-Edda.

Die Weltenschlange gilt für viele als der Ursprung vom Symbol des Ouroboros – dem Zeichen der Unendlichkeit, einer sich selbst in den Schwanz beißenden Schlange; ein stetiger Kreislauf, dessen Anfang das Ende bedingt.

Tatsächlich stammt die älteste Abbildung aber bereits von der Grabausstattung des Tutanchamuns um 1330 v. Chr. – eine Urform fand sich sogar schon während der Hongshan-Kultur in China (4700-2900 v. Chr.).

Jörmungand

Jörmungand ist wohl eines der zentralsten Wesen der gesamten nordischen Mythologie – denn hinter dem Namen steckt niemand anderes als die große Weltenschlange, die die gesamte Welt umspannte. Jörmungand ist ein weiteres der drei Kinder Lokis und Angrbodas und wurde von Odin in den Ur-Ozean geworfen, wo sie jedoch immer weiterwuchs, bis sie die gesamte Welt umwickeln konnte.

Dreimal trat Thor ihr gegenüber – einmal während eines Angelausfluges, wo sein Begleiter Hymir aus Angst die Schnur durchtrennte und Thor ihn später dafür je nach Fassung entweder erschlug oder ohrfeigte – bei ihrer letzten Begegnung während Ragnarök sterben sie jedoch beide, Jörmungand durch Mjölnir und Thor durch das Gift der Schlange. Man sagte, dass die Midgardschlange sich selbst in den Schwanz biss und so einen Kreis erzeugte – sobald sie jedoch losließ, würde Ragnarök beginnen.

Zentrale Elemente und Mythen

Die nordische Welt bietet dem neugierigen Leser und Zuhörer eine beinahe überwältigende Menge an einzelnen Mythen, die entweder zentrale Elemente dieser Mythologie miteinander verbinden, von ihrer Entstehung erzählen oder wirklich lediglich eine Geschichte erzählen. Mythen hatten häufig aber nicht nur einen erzählerischen Charakter; sie sollten auch Geschehnisse begründen und rechtfertigen, wie beispielsweise Naturphänomene, oder sollten Könige der damaligen Zeit legitimieren, indem man zwischen den großen Gottheiten und dem

König eine familiäre Bindung erschuf – die Könige wurden mithilfe dieser genealogischen Mythen als Nachkommen der Götter ausgezeichnet.

Damit Sie einen Einblick in einige Mythen erlangen können, befassen wir uns in diesem Kapitel sowohl mit der Schöpfungsgeschichte der Welt als auch mit ihrem sagenumwobenen Ende Ragnarök – sowie einigen Mythen, die sich dazwischen befinden.

VOLÜSPÁ – WEISSAGUNG DER SEHERIN

Die Volüspá beschrieb nicht mehr und nicht weniger als die Schöpfungsgeschichte und das Ende der Welt – also Ragnarök. Sie prophezeite außerdem auch, was nach dem Weltuntergang wartete, nämlich eine Neuentstehung.

Die Prophezeiung der Seherin begann mit den zwei Welten Muspel- und Niflheim und der Leere Ginnungagap (siehe *Von Niflheim und Muspelheim – Die Schöpfungsgeschichte*), berichtete von den Göttern und Nornen und von dem Wanenkrieg, ehe sie von Balders Ermordung sprach (siehe *Wie Balder von einer Mistel getötet wurde*). Von da an steuerten die Ereignisse auf die Ragnarök zu (siehe *Ragnarök – Das Ende der Welt*), doch auch danach war die Welt nicht für alle Zeit verloren, sondern sollte in ein goldenes Zeitalter für Menschen und Götter übergehen, in dem Balder und Hödur gemeinsam herrschten.

VON NIFLHEIM UND MUSPELHEIM – DIE SCHÖPFUNGSGESCHICHTE

Die Erde nahm nach der nordischen Mythologie ihren Anfang, als die beiden vorhandenen Welten Niflheim und Muspelheim miteinander kollidierten. Niflheim war ein Ort ewiger Kälte und von Eis bedeckt, während Muspelheim ein Ort von Hitze und Feuer war. Ursprünglich befand sich zwischen ihnen wortwörtlich das Nichts, Ginnungagap. Als ihre eisigen Flüsse und feurigen Nebel aufeinandertrafen, da das Eis von Niflheims Flüssen sich immer weiter ausdehnte, entstand, wie bereits zuvor erwähnt, der erste Riese, Ymir, der sich von der Milch der Kuh Audhumbla ernährte und weitere Riesen zur Welt brachte. Audhumbla wiederum ernährte sich von dem Eis Niflheims, bis sie den allerersten Menschen, Buri, freigeleckt hatte. Dieser zeugte mit einer Riesin einen Sohn und dessen Söhne wiederum waren Odin, Vili und Vé – die später Ymir töteten. (Manchmal werden diese ersten Asen auch als Wodan, Hönir und Loki benannt.)

Sein Körper diente im Anschluss als Grundlage für die Formung der Erde. Aus seinem Schädel formten sie den Himmel und aus seinen Augenbrauen die Welt der Menschen, Midgard. Sein Fleisch wurde zum Boden, seine Knochen zu den Bergen und seine Haare zu den Bäumen. Währenddessen wurden aus seinem Gehirn die Wolken und aus seinem Blut das Meer um Midgard herum. Außerdem stammen auch die Zwerge von Ymirs Körper.

YGGDRASIL – WELTENBAUM, VERBINDUNG, HEIMAT

Yggdrasil ist die riesige Esche, die im Zentrum dieser mythologischen Welt steht. Sie wird auch als Weltenbaum oder Weltenesche bezeichnet und ist die Verkörperung des gesamten Kosmos. Sie ist ein immergrüner, riesiger Baum, dessen drei Hauptwurzeln die Menschen, die Frostriesen und die Unterwelt umfangen und miteinander verbinden, sodass Himmel, Erde und Unterwelt stets in Verbindung sind. Ihre Wurzeln wurden permanent von dem Drachen Nidhöggr angefressen und ihre Sprossen von den Hirschen Dain, Dvalin,

Duneyr und Durathor, um die Welt zum Einbruch zu zwingen.

Unter der Esche gibt es gleich neun große Reiche, die als die Heimat für verschiedene Rassen gelten. Dabei sind nicht alle von ihnen strikt voneinander abgetrennt – Wanaheim und Álfheimr liegen gleichermaßen in Asgard, wie sie auch alle drei als einzelne Gebiete betrachtet werden können. Ähnlich ist es mit Helheim, das häufig nur als ein bestimmter Teil von Niflheim gilt. Auch in den Mythen selbst taucht sie gelegentlich auf. Eine Erzählung berichtet beispielsweise davon, wie Odin neun Tage in der Esche saß, im Versuch, Weisheit zu erlangen; eine andere berichtet davon, wie Idun einst durch eine Ohnmacht von ihren Ästen hinab nach Niflheim fiel und dort von ihrem Gatten, dem göttlichen Sänger Bragi, gerettet werden musste. Traumatisiert von ihren Erlebnissen bleibt Idun noch lange danach bleich und tränenreich.

Asgard, Vanaheim & Álfheimr

Asgard war die Hochburg der Asen, der Sitz der Götter. Sie lag direkt unterhalb der großen Esche und neben den Palästen und Hallen der Götter befanden sich dort auch Folkwang und Walhalla, die Sammelorte der ehrenhaft Gefallenen. Im Himmelreich befand sich außerdem auch Wanaheim, die Heimat der friedlichen

Wanen.

Álfheimr war auch bekannt als Nibelheim oder Albenheim und war die Heimat der „guten" und gerechten Elfen, der Lichtalben. Es soll direkt zwischen Himmel und Erde, also zwischen Asgard und Midgard gelegen haben und von dem Gott Freyr beherrscht worden sein. Von Schmetterlingen, Vögel und Blumen wird gesagt, dass sie von dort stammen, und die Ringe im Gras, die von Tänzen der Alben zu entdecken waren, sollten entweder Glück oder den Tod für denjenigen bringen, der dort verweilte.

Midgard, Svartálfheimr & Jötunheim

Midgard war die Heimat der Menschen und auch als Mittelwelt bekannt. Sie war von einem großen Meer umgeben; man konnte sich Midgard also als eine Art Insel vorstellen, die durch die Regenbogenbrücke Bifröst mit Asgard verbunden war und unter dem Schutz der Götter stand. In dem riesigen Ozean hauste die Midgardschlange Jörmungand.

Auf der anderen Seite des Ozeans lag Jötunheim und in ihm die Hauptstadt Utgard. Es war das Land der Frostriesen und Monster, der Gegner der Götter.

Svartálfheimr oder auch Schwarzalbenheim war der Ort, an dem die Schwarzalben und Naturgeister lebten; es diente außerdem den Zwergen als unterirdische Zuflucht. In Snorris Prosa-Edda scheinen Zwerge und Schwarzalben jedoch die gleichen Wesen zu betiteln und das Gegenstück zu den Lichtalben zu sein – sowohl die Schwarzalben als auch Svartálfheimr sind auch nur in dieser Fassung zu finden und daher eventuell ein Teil der Mythologie, den Snorri einst selbst hinzufügte.

Niflheim, Muspelheim & Helheim

Niflheim war das Reich des ewigen Eises im Norden. Es war eine der zwei ursprünglichen Welten, aus denen der Rest der neun Reiche entstand, und ist Teil der Unterwelt der nordischen Mythologie. Frost, Eis und Nebel sind typisch für dieses Reich.

In Niflheim liegt Helheim oder auch einfach nur Hel, der Palast, der der namensgleichen Totengöttin gehört. Dunkelheit und Kälte haben dort vorgeherrscht und der Ort wird von dem Höllenhund Garm bewacht. Die Totengöttin Hel selbst war zur Hälfte eine schöne Frau aus Fleisch und Blut, zur Hälfte lediglich Gebeine, was wohl ein Symbol für die Vergänglichkeit des Lebens sein sollte. Innerhalb ihres Reiches soll sie sogar stärker als Odin gewesen sein.

Muspelheim war die zweite der ursprünglichen zwei Welten und lag im Norden. Es war ein Reich von Hitze, Flammen und nie endendem Urfeuer. Der

Feuerriese Sutr herrschte dort, der häufiger mit Loki gleichgesetzt wird. Die Feuerriesen tauchen tatsächlich erst in der Mythologie auf, als Ragnarök eintritt und Erdbeben ihnen die Flucht aus ihrer eigenen Welt ermöglichen.

WALHALLA

Walhalla oder auch Walhall war in der nordischen Mythologie von großer Relevanz. Es war eine Halle oder ein Palast in Asgard, der unter der Aufsicht Odins stand. In ihr sammelten sich besonders tapfere Krieger, nachdem sie auf dem Schlachtfeld gefallen waren. Dort trainierten die rund 800 Krieger jeden Tag und wenn sie starben, wurden sie am Abend in der Halle wiedererweckt. Sie warteten darauf, an der Seite der Götter zu kämpfen, sobald der Tag der Ragnarök heranbrach.

Man sagte Walhalla nach, dass es 540 große Türen hatte und Wände aus leuchtenden Speeren. Das Dach soll aus goldenen Schilden bestanden haben.

Nachdem Ragnarök vorüber war, soll die Halle jedoch nicht länger existiert haben.

WIE BALDER VON EINER MISTEL GETÖTET WURDE

Der Mythos um Balders Tod ist wohl das, was den Asen am bekanntesten macht. Da er seines barmherzigen und reinen Charakters wegen so unglaublich beliebt war und seine Mutter, Frigg, als Schutzgöttin der Familie als Mutter umso beschützender ihm gegenüber war, kommt es wenig überraschend, dass sie alles dafür tat, um ihren Sohn zu schützen.

Balder träumt eines Nachts von einer großen Gefahr, die ihn betreffen sollte, und berichtete seiner Mutter davon, woraufhin Frigg durch die Welt zieht und von jedem existierenden Lebewesen und Objekt einen Schwur einholt, ihren Sohn nicht zu verletzen oder gar zu töten. Dabei ließ sie jedoch eine junge, harmlos wirkende Pflanze außen vor.

Es war die Mistel, die dem Asen schließlich auch zum Verhängnis wurde. Eines Tages überredete nämlich Loki den blinden Bruder Balders, Hödur, wie die anderen Götter es zum Spaß bereits getan hatten, etwas auf Balder zu werfen. Er willigte ein und Loki reichte ihm einen Mistelzweig, der Balder augenblicklich tötete.

Odin flüsterte seinem toten Sohn noch etwas von

der Wiedergeburt zu, da Balder laut der Prophezeiung nach der Ragnarök wieder ins Reich der Lebenden zurückkehren sollte und sein anderer Bruder Hermod reiste zwischenzeitlich nach Niflheim, um Hel zu bitten, ihn verfrüht gehen zu lassen. Die Totengöttin verlangte, dass ein jeder um ihn trauerte, jedes Wesen der Welt und Hermod tat alles, um ihrer Forderung nachzukommen, scheiterte jedoch an der Riesin Thok, die sich weigerte, auch nur eine Träne zu vergießen. (Man munkelt, dass es sich bei Thok um Loki handelte.) Der Ase kehrte also ohne Erfolg zu Hel zurück und sie erlaubte ihm nur, Balders Ring *Draupnir* zu seinem Vater zurückzubringen.

IDUNS GOLDENE ÄPFEL

Idun – oder auch Iduna – war als die Göttin der Unsterblichkeit und Jugend bekannt. Sie besaß einen magischen Korb, der stets mit goldenen Äpfeln gefüllt war und deren Menge sich stetig wieder erneuerte. Diese Äpfel spielten in der nordischen Mythologie eine wichtige Rolle, denn sie waren der Grund, warum die Götter nicht alterten und ewig jung blieben – und im Grunde unsterblich waren, sollten sie denn nicht im Kampf fallen.

Das Motiv der goldenen Äpfel ist vermutlich angelehnt an die griechische Erzählung um den Garten der Hesperiden, aus dem Herkules goldene Äpfel vom Baum der Hera pflücken sollte.

THOR UND SEIN HAMMER

Sein Hammer Mjölnir war dem Donnergott Thor immer heilig. Dementsprechend stand es außer Frage, dass er ihn wieder zurückholen musste, als er einst einmal von dem Riesen Thrym gestohlen wurde. Thrym war der König von Jötunheim und verlangte im Austausch für den Hammer, dass man ihm die schöne Freya zur Frau gab. Die weigerte sich jedoch, ihren Gatten für den Riesen zu verlassen, und so musste ein anderer Plan her. Gemeinsam mit Loki entschied Thor sich dafür, sich in Brautkleider zu hüllen – Loki kleidete sich seinerseits als Brautjungfer – und reiste nach Jötunheim, um den Riesen zu heiraten.

Thrym holte bei der Hochzeit Mjölnir hervor, um ihre Hochzeit damit zu segnen – sein Hammer war durchaus dazu in der Lage, da Thor eben nicht nur ein Wetter-, sondern auch ein Fruchtbarkeitsgott war und seine Waffe mit entsprechenden Segnungen belegt war.

Thor ließ es jedoch nicht viel weiter kommen und ergriff den Hammer, um im Anschluss alle anwesenden Riesen zu töten.

LOKI – RIESE, VATER, TRICKSER

Wie bereits im vorherigen Kapitel angemerkt wurde, war Loki immer ein regelrechtes Füllhorn an Tricks und Scherzen, die meistens alles andere als witzig waren. Er wechselte regelmäßig mit seinen Aktionen die Seiten, mal half er den Riesen, mal den Asen; mal behinderte er die Asen, mal die Riesen. Er liebte das Chaos und verbreitete Ärger, wo er ging, obwohl er dabei nicht zwangsläufig boshafte Absichten hatte.

Bekanntermaßen war er auch der Vater der drei größten „Übel" in der nordischen Mythologie, die zu den Hauptfeinden der Götter neben den Riesen wurden.

Es gibt viele Geschichten, in denen Loki seine Finger im Spiel hatte. Zum einen trickste er Idun einmal aus, mit ihm Asgard zu verlassen, was damit endete, dass sie von dem Sturmriesen Thiazi entführt wurde. Thiazi hatte zuvor Loki als Adler in der Luft gefangen gehalten und hatte nur im Austausch gegen die Göttin der Jugend und ihre Äpfel versprochen, ihn gehen zu lassen.

Es dauerte nicht lange, bis den Göttern auffiel, dass sie wieder alterten und sie herausfanden, wem sie das Übel zu verdanken hatten. Sie schickten Loki augenblicklich los, um Idun zurückzuholen, und er nutzte Freyas Falkengewand, um nach Thrymheim zu fliegen, wo der Sturmriese lebte. Als er dort war, verwandelte er Idun in eine Nuss – oder eine Schwalbe, je nach Fassung – und brachte sie zurück nach Asgard.

Einmal verwandelte er sich wohl auch in einen Floh und versteckte sich im Bett der Freya, um ihre magische Kette Brisingamen zu stehlen. Noch während er auf der Flucht war, entdeckte ihn jedoch Heimdall, und sie kämpften in verschiedenen Gestalten, bis Heimdall gewann und die Halskette zurückgeben konnte.

In einer anderen Geschichte stahl er die goldenen Strähnen von Thors Frau Sif und Thor wurde daraufhin so wütend, dass er den Gott des Unheils beinahe erwürgte, als er ihn zu fassen bekam. Er verlangte, dass Loki die Strähnen zurückgab und die Schönheit seiner Frau damit wiederherstellte. Loki bat daraufhin den Zwerg Dvalin um Hilfe und dieser fertigte einen Ersatz aus goldenen Fäden an, der Sif wohl am Ende sogar noch schöner machte, als sie es zuvor gewesen war.

Natürlich gab es dann auch noch die List, die zu

Balders Tod führte (siehe *Wie Balder von einer Mistel getötet wurde*), die dann sein Schicksal besiegelte und für seine Verbannung aus Asgard sorgte. Als er das nächste Mal den Göttern begegnete und erneut für Unruhe sorgte – er tötete auf einem Fest, das der Riese Aegir für die Götter gegeben hatte, einen der Diener des Meeresgottes Aegir –, fand er seine Bestrafung. Er versuchte erst noch zu flüchten und versteckte sich in Form eines Lachses am Grunde des Flusses Fraananger, doch die Götter angelten gezielt mit einem Netz nach ihm und Thor schnappte ihn, als er in seiner Verzweiflung aus dem Wasser sprang.

Die Götter banden Loki (in seiner normalen Gestalt) mit den Eingeweiden seines verstorbenen Sohnes Narfi fest, der von seinem Bruder Vali in Wolfsgestalt getötet worden war. Sie verwandelten die Eingeweide in metallene Ketten und hängten eine Schlange über seinen Kopf, deren Gift permanent auf sein Gesicht hinabtropfte.

RAGNARÖK – DAS ENDE DER WELT

Ragnarök hat viele verschiedene Bezeichnungen: Weltuntergang, Götterdämmerung, das Ende der Welt

... Aber sie alle bezeichnen das Gleiche: Es geht um den letzten Kampf zwischen den Riesen und den Göttern. Den Göttern war es hier prophezeit, gegen ihre Gegner zu verlieren, die von Loki angeführt wurden.

Ragnarök begann mit dem sogenannten Fimbulwinter, einem drei- oder siebenjährigen Winter, nach dem die Wölfe Hati, Managarm und Skoll nach ihrer ewigen Jagd „endlich" Sonne und Mond verschluckten und Nidhöggr sich „endlich" durch die Wurzeln der Esche genagt hatte. Heimdall blies in das Gjallarhorn und kündigte das Ende an. Dunkelheit brach über die Reiche herein und Yggdrasil erschauderte, woraufhin beispielsweise die Feuerriesen ihr Reich verlassen konnten, wodurch ihr Anführer Sutr die Reiche mit seinem Schwert in Flammen setzen konnte. \

Während sich nun auch die Midgardschlange aus dem Ozean erhob, Fluten kreierte und ihr Gift verteilte, befreiten sich sowohl Loki als auch sein Sprössling Fenrir von ihren Fesseln. Loki übernahm die Führung über die toten Truppen Helheims an der Seite seiner Tochter Hel. Riesen aus Muspel- und Jötunheim fielen gemeinsam mit Loki, Hel und Nidhöggr über Bifröst in Asgard ein und besiegten die Götter.

Fenrir fraß Odin, ehe Vidar ihn erlegte, Loki und Heimdall töteten einander, Thor erschlug zwar

Jörmungand, bekam aber zu viel vom Gift der Schlange ab und starb kurz darauf selbst. Schließlich setzte Sutr alles in Brand und die Welt versank endgültig.

Wie es jedoch einst prophezeit wurde, überlebten einige das Unglück. Eine Frau und ein Mann – Lifthrasir und Lif – sowie Vali und Vidar, zwei Söhne Odins, und die Söhne Thors Magni und Modi, die seinen Hammer Mjölnir aus der Asche borgen. Letzten Endes war auch für Balder die Zeit gekommen, wieder unter den Lebenden zu wandeln, und der Gott des Lichts vergab seinem Bruder Höder, dem Gott der Dunkelheit, dass er ihn einst tötete.

Mit ihnen begann ein neues Zeitalter.

Bekannte Heldenmythen

Neben all diesen bekannten und weniger bekannten generellen Mythen darf natürlich eine andere Kategorie nicht vergessen werden: die Heldenmythen.

Auch sie waren fundamental in der nordischen Mythologie und es gibt viele bekannte Geschichten, die ehemals hauptsächlich oral verbreitet wurden. Heldenmythen sind wichtig für das Volk; sie machten die sagenhaften Erzählungen umso greifbarer für den damaligen Zuhörer. Die Helden der Geschichte waren zwar ausgesprochen häufig mit den Gottheiten verwandt, aber ihre Geschichte spielt in einem deutlich greifbareren Setting für das Volk – trotz gelegentlicher mythologischer Wesen wie Lindwürmern, die ihr Unwesen trieben. Sie sollten unterhalten und Werte wie Tapferkeit vermitteln und waren daher kaum wegzudenken.

Die Liste an überlieferten nordischen Heldenmythen ist nicht weniger lang als die der anderen Mythen, daher wird der Fokus hier nur auf zwei der längsten und bekanntesten gerichtet: den Mythos des Beowulf und die Nibelungensage.

BEOWULF

Das Epos von Beowulf ist heute nur noch in einer einzigen Handschrift überliefert und stammt wohl aus dem 8. Jahrhundert, während die Handlung selbst vor dem 7. Jahrhundert in Skandinavien stattfindet.

Die Geschichte um den Helden Beowulf befasst sich mit drei wichtigen Kämpfen – der erste gegen einen Grendel, dann gegen die Mutter des Grendels und schließlich gegen einen Drachen. Der junge Held wird am ehesten einem nordgermanischen Volk aus dem damaligen Schweden zugerechnet und er reist im Rahmen des Epos nach Dänemark, begleitet von 14

Gefährten, wo König Hrothgar herrscht. Dieser hatte die große Halle Heorot errichten lassen, in der viele Feiern mit Gesang abgehalten wurden, bis eines Tages Grendel in die Halle einfällt. Grendel ist ein Troll-artiges Monster mit übermenschlichen Kräften, das auch mit den Jöten Ähnlichkeit hat oder sogar einer ist.

Das Monster lebte friedlich in seiner Höhle, bis die große Methalle in der Nähe des Moores gebaut wurde und ihn mit dem ständigen Lärm und Heiterkeit von Trinkgelagen und Festen störte. Ein Dutzend Jahre lang sucht Grendel die Halle heim und tötet die Menschen, ohne jemals den Thron von König Hrothgar berühren zu können, da er von den Göttern geschützt wird.

Hrothgar und seine Leute fliehen irgendwann aus Heorot, bis Beowulf in Gautland davon hört. Dieser sucht seinen eigenen König und Onkel Hygelac auf, um ihn zu bitten, helfen zu dürfen, ehe er sich auf den Weg macht. Als er dort ankommt und seinen Plan Hrothgar unterbreitet, ist dieser dankbar, doch einer seiner Männer, Unferth, ist unglücklich. Er ist wütend, dass jemand sich für kühner als er selbst hält und er hält den Krieger für verrückt, weil er ohne Waffe in diesen Kampf ziehen will, und erzählt, dass er von einem Schwimmduell zwischen Beowulf und Breca gehört hat, das Beowulf verloren haben soll. Beowulf berichtigt ihn aber ruhig, dass Breca und er fünf Tage lang gemeinsam geschwommen wären, ehe sie getrennt und von einem Seemonster attackiert wurden, welches er mit seinem mitgebrachten Schwert getötet hatte, während sein Kettenhemd ihn schützte. Noch mehrere Bestien hatte er danach töten müssen, erzählt er, bevor er Unferth beschuldigt, dass es Gerüchte gibt, er sei ein Brudermörder.

Hrothgar ist zuversichtlich und sie feiern, bevor es spät wird und der Plan beginnt. Beowulf und seine Männer schlafen in der verlassenen Halle und Grendel taucht wie erwartet auf, verschlingt sogar einen von Beowulfs Männern. Beowulf springt aus seinem vorgetäuschten Schlaf auf und ergreift seine Hand. Er ringt und kämpft so heftig mit dem Monster, dass seine Männer befürchten, die Halle könnte einstürzen.

Besorgt wollen sie mit ihren Waffen auf Grendel einstechen, doch dessen Haut ist undurchdringbar und Beowulfs Entscheidung gegen eine Waffe und einen vermeintlichen Vorteil gegenüber einem Unbewaffneten zahlt sich aus. Der junge Held reißt Grendel den rechten Arm aus und triumphiert, als Grendel schwer verletzt in die Sümpfe flieht. Grendel stirbt in seiner Höhle, während sein Arm als Trophäe vor der Halle ausgestellt wird. Als Grendels Mutter, ein Meerweib, von der Tragödie hört, macht sie sich jedoch auf den Weg, um Rache zu nehmen.

Hrothgar, seine Gefolgsleute und Beowulfs Gruppe feiern in jener Nacht in der zurückerlangten Halle und schlafen dort, doch dann greift Grendels Mutter an. Hrothgars bester Kämpfer wird getötet und der König greift gemeinsam mit Beowulf und seinen Männern an. Sie verfolgen das Meerweib bis zu ihrem Unterschlupf und während der Kampfvorbereitungen erhält Beowulf von dem Krieger Unferth das Schwert *Hrunting* als Entschuldigung dafür, dass er Zweifel an dem Helden hatte. Beowulf handelt noch mit Hrothgar aus, wie mit seinen eigenen Männern verfahren werden soll, sollte er sterben, dann steigt er in den See.

Grendels Mutter attackiert ihn sofort, kann ihn aufgrund seiner Rüstung jedoch nicht verletzen und zieht in stattdessen auf den Grund des Sees. Dort befindet sich eine Höhle, in der nicht nur Grendels Leichnam wartet, sondern auch die Überreste der Leichen, die die beiden zu verschulden hatten.

Es ufert in einen hitzigen Kampf aus, den Grendels Mutter zu gewinnen scheint, bis Beowulf wütend sein nutzloses Schwert wegwirft und ein magisches aus dem Schatz des Meerweibs zieht, während seine

Rüstung ihn wieder und wieder rettet. Das neue Schwert köpft Grendels Mutter sofort, doch die Klinge schmilzt bei der Berührung mit dem giftigen Blut des Monsters. Mehr als die übrig gebliebene Schwertscheide und den Kopf von Grendel nimmt Beowulf aus der Höhle nicht wieder mit nach oben, wo er reich von Hrothgar belohnt wird, allem voran mit dem Schwert *Naegling*, das aus seinem eigenen Familienerbe stammt.

Als Hrothgar die Schwertscheide des magischen Schwertes auf dem Heimweg nach Heorot sieht, ermahnt er Beowulf jedoch ernst, sich vor Stolz zu hüten. Er rät ihm, seine Gefolgsmänner immer zu belohnen.

Beowulf reist daraufhin zurück in seine Heimat und überlässt seinem Onkel und König die Geschenke von König Hrothgar, der ihm dafür eigenen Besitz und einen Fürstentitel gibt.

Mindestens 50 Jahre vergehen, bis Beowulfs Geschichte weitergeht. In der Zwischenzeit ist er zum König seines Volkes geworden, als Hygelac und dessen Sohn beide in Kämpfen verstorben waren. Niemand wagte es, sein Land während seiner Herrschaft anzugreifen, und so lebt sein Volk lange Zeit friedlich, während der König langsam alt wird. Dann, eines Tages, stiehlt jedoch ein Sklave von einem namenlosen

Drachen, um seinen Herrn mit dem Diebesgut zu besänftigen. Einen goldenen Kelch entwendet er, was den Drachen alles andere als amüsiert, sobald er bemerkt, dass ihm etwas fehlt. Er wird zornig und verlässt seine Höhle, um alles in Sichtweite in ein Flammenmeer zu tauchen.

Beowulf und seine Männer ziehen los, um ihn aufzuhalten, doch der Held möchte allein gegen das Biest antreten. Er ordnet an, dass sie vor der Höhle warten sollen, und steigt hinab in die Höhle – allerdings wird er überrumpelt. Seine Krieger sehen, was ihm passiert, und bekommen Angst. Panisch fliehen sie in die Wälder – bis auf einen.

Es ist ein Verwandter von Beowulf, Wiglaf, der, statt zu fliehen, in den Kampf stürzt, um ihm zu helfen. Er will sich an seinen Schwur halten und seinem König helfen. Gemeinsam können sie den Drachen töten, doch für den König kommt jede Hilfe zu spät. Er wurde während des Gefechts durch einen Biss tödlich verwundet.

Beowulf richtet einen letzten Wunsch an Wiglaf und lässt sein Grab auf einer Klippe über dem Meer errichten, sodass Seefahrer ihn von weit her sehen können. Er hinterlässt ein von Trauer beherrschtes Volk. Ihre Zukunft wirkt regelrecht düster, alles deutet auf ein baldiges Ende seines Volkes hin, da sie nun fürchten, dass die anderen Völker sie angreifen, sobald sie von Beowulfs Ende hören.

DIE NIBELUNGENSAGE

Die Nibelungensage ist vielen heute eher als Nibelungenlied im deutschen Raum bekannt, aber in Wirklichkeit existiert die Nibelungensage in vielen verschiedenen, teils stark voneinander abweichenden Fassungen, die in verschiedenen Heldensagen wie beispielsweise der Thidrekssaga und der Edda auftaucht.

Die Thidrekssaga und die Fassung des Nibelungenliedes werden in diesem Kapitel dabei im Fokus stehen.

In der Thidrekssaga beginnt die entsprechende (Teil-)Geschichte damit, wie Sigurd zu einem „Helden" und einer der Hauptpersonen der Erzählung wird. Von Sigurds Hintergrund gibt es ebenfalls viele verschiedene Fassungen; in diesem Fall wurde seine Mutter von ihrem Gatten König Sigmund der Untreue beschuldigt und Sigurd, damals noch ein kleines Kind, wird in einem Fluss ausgesetzt und schließlich von einer Hirschkuh versorgt, bis ein Schmied namens Mimir ihn im Wald findet. Mimir zieht den Jungen auf, doch er entwickelt schnell übermenschliche Kräfte und kämpft mit den Knechten des Schmieds und zerschlägt seinen Amboss mit dem Hammer. Daraufhin bittet Mimir seinen Bruder Regin um Hilfe, der der Magie mächtig ist. Hier machen sich ebenfalls die verschiedenen Fassungen bemerkbar, denn die Charaktere von Regin und Mimir überschneiden sich teilweise und der Bruder, der sich schließlich in einen Drachen verwandelt, ist nicht Regin, sondern Fafnir – wenn man die Sage um Siegfried, den Drachentöter kennt, ist einem der Name des Fafnir vermutlich geläufiger.

Mimir bittet also nun seinen Bruder Regin, Sigurd zu töten, da er Angst vor ihm hat, und Regin verwandelt sich in einen Drachen und wartet im Wald. Nachdem Sigurd im Wald ankommt, da Mimir ihn zum Kohle-Brennen dorthin geschickt hatte, stößt er jedoch auf den Drachen und erschlägt ihn mithilfe eines Baumes und seiner Axt. Die Tat macht ihn hungrig, also beschließt er, das Drachenfleisch zu braten, doch dabei verbrennt er sich einen Finger und steckt ihn aus einem Reflex heraus in seinen Mund. Plötzlich kann er die Vögel in einem Baum verstehen, die von Mimirs Verrat wissen und sich darüber unterhalten.

Sigurd braucht nicht lange, um zu verstehen, dass das Drachenblut daran schuld sein muss, als er dann auch noch entdeckt, dass die Haut an seinem Finger hornig geworden ist. Kurzerhand streicht er sich von Kopf bis Fuß mit dem Blut ein, gelangt jedoch nicht an einen Punkt zwischen seinen Schultern, der später zu seiner Achillesferse werden wird.

Sigurd kehrt zurück zu Mimir und tötet ihn, obwohl dieser ihm qualitative Ausrüstung schenkt und ihm ein Pferd vom Hof der Brynhild verspricht, die bekanntermaßen die besten Pferde züchten lässt. Sigurd macht sich auf den Weg zu ihrer Burg und begegnet der Burgherrin, die aus irgendeinem Grund alles über ihn weiß – auch, wer seine Eltern sind – und ihm ihr bestes Pferd schenkt. Mit diesen Gaben zieht der Knabe weiter nach Bertanga-Land und wird unter König I-sung zum Bannerträger.

Während eines Festmahls am Hof des König Thidreks beschließen später die Familienmitglieder der Nibelungen (auch Niflungen), König Isung und seine Söhne zu Zweikämpfen herauszufordern. So begegnet Sigurd nun auch den anwesenden Niflungen Gunnar, Hogni und Gernoz – er kämpft am Ende gegen Thidrek, dessen Sieg er aber freiwillig anerkennt, nachdem er erkennen muss, dass er überlistet wurde. Er schließt sich Thidreks Gefolge an, was den nächsten Abschnitt seiner Reise bedeutet: Nun zieht er in das

Land der Niflungen, wo er Grimhild kennenlernt und heiratet, die Gunnars und Hognis Schwester ist. Während seiner Hochzeit erzählt Sigurd Gunnar von der schönsten Frau der Welt – Brynhild – und die beiden reisen gemeinsam mit Thidrek und Hogni an ihren Hof in Seegard. Brynhild erklärt sich bereit, Gunnar zu heiraten – mutmaßlich, da sie auf Sigurd wütend ist, nachdem er sie als verlobte Frau sitzen ließ (obwohl in keiner Fassung eine Verlobung je auftaucht).

Brynhild ist ähnlich wie Sigurd unnatürlich stark, solange sie noch nicht entjungfert wurde – manche Fassungen berichten, dass sie eine Walküre sein soll, die Odin bestrafte, weil sie ihm nicht die richtigen Krieger nach Walhalla brachte. Mit ihrer beängstigenden Stärke hängt sie Gunnar also nicht nur in ihrer Hochzeitsnacht, sondern gleich in mehreren Nächten nacheinander an einen Nagel in der Wand, bis ihr (Noch-Nicht-)Gatte sich bei Sigurd beklagt und dieser seinem Freund verspricht, ihm zu helfen. Daraufhin nutzt der Held den Schutz der Dunkelheit, schleicht in ihr Gemach und entjungfert sie für seinen Freund, woraufhin sie ihre Kräfte verliert.

Es vergeht eine längere Zeit, in der das Reich der Nibelungen unter Sigurd eine Blütezeit erlebt. Die nächste Krise naht erst, als Brynhild von Grimhild verlangt, allein auf den Hochsitz in der Halle steigen zu dürfen, was Grimhild verärgert, da sie sich als gleichrangig mit der anderen Königin betrachtet und der Sitz ihrer Mutter gehört. Brynhild wird wütend und wirft ihr an den Kopf, dass ihr Mann einer Hirschkuh hinterhergelaufen sei, woraufhin Grimhild ihr eröffnet, dass sie von der Schande weiß, dass nicht einmal ihr eigener Mann sie entjungfert hatte, sondern Sigurd:

Er zeigt ihr zur Bestätigung den Ring, den Sigurd ihr einst abnahm. Brynhild hatte Ähnliches schon geahnt und verlangt Sigurds Tod – aber nur, weil er Grimhild in diese Schande einbezogen hatte. Sie hetzt die Niflungen gegen ihn und seine steigende Macht auf, behauptet, dass er ihnen die Macht entreißen werde. So kommt es, dass Hogni ihm auf der Jagd einen Speer zwischen die Schulterblätter stößt, während Sigurd an einem Bach trinken will – Sigurd stirbt.

Nach Sigurds Tod glaubt Grimhild zu wissen, wer ihren Gatten tötete, aber sie schafft es nicht, sichere Beweise zu finden; auch nicht, als sie eine sogenannte Bahrprobe abhält, da Gunnar sich mit einem Eid dagegen ausspricht, dass Hogni verantwortlich ist. Grimhild versinkt in ihrer Trauer, während Brynhild als eine stolze Herrscherin eine Art Gegenstück zu ihr wird. Grimhild beginnt unterdessen, Racheplänen zu schmieden, und heuert mithilfe ihrer Morgengabe, die sie noch von ihrer Hochzeit mit Sigurd hat, ausländische Krieger an.

Als 13 Jahre später König Attila um ihre Hand anhält, lehnt sie zunächst ab, da sie noch zu sehr trauert und das weiterhin tun möchte. Doch ihre Brüder raten ihr zu der Heirat mit dem gegenwärtig mächtigsten Mann der Welt – abgesehen von Hogni, der Ärger wittert. Doch zu spät – die beiden heiraten und Grimhild schenkt ihm einen Sohn.

Nach weiteren 13 Jahren bringt sie Attila dazu, ein Fest mit ihren Brüdern und Hogni abzuhalten, welche natürlich eine Falle erahnen, aber trotzdem gehen, da Hogni ehemals wohl eine Geisel an Attilas Hof gewesen war und nun nicht als Feigling dastehen wollte. Unterwegs wird ihnen eine Prophezeiung zugetragen, die ihnen ihren Untergang weissagt – Hogni tut alles, um sie unwirksam zu machen, doch sie scheint unausweichlich. Dieser Umstand wird nicht besser, als König Thidrek, der aus seinem eigenen Reich vertrieben wurde, ihnen entgegenreitet und berichtet, dass Grimhild immer noch jeden Tag um Sigurd weint.

Als sie am Hof ankommen, verhöhnt Hogni sie und weigert sich, die Waffen abzulegen, weswegen

Grimhild erfolglos versucht, einige der Krieger Attilas gegen die Niflungen aufzuhetzen und sie zum Kämpfen zu bringen. Attila ahnt unterdessen noch nichts, aber die Beleidigung durch Verweigerung lässt ihn kalt; er macht seine Vorrangstellung deutlich, indem er sie lange im Hof warten lässt.

Am nächsten Tag versucht Grimhild, Attilas Bruder mit Geschenken anzustacheln, Hogni zu töten, doch er lehnt ab. Ebenso ihre Brüder, als sie sie dazu bringen will, sich von Hogni abzuwenden. Nur kurz darauf fordert Attilas Bruder jedoch den Bruder Hognis zum Zweikampf heraus, welcher den Kampf gewinnt und sich durch eine Schar wütender Hunnen zu seinem Bruder hindurchschlägt, um ihm zu berichten. Hogni wird wütend und tötet Grimhilds Sohn, womit endgültig der Krieg entbrennt.

Mit Thidreks Hilfe entkommen Grimhild und Attila dem Saal, doch die übrigen Helden fallen nach und nach dem Kampf zum Opfer. Rodingeir, der ehemalige Werber, der Grimhild damals Attilas Angebot überbrachte, und dessen Tochter mit Gislher verlobt wurde – wodurch er nun beiden Seiten verpflichtet war – wird zum Dreh- und Angelpunkt des Kampfes. Er entscheidet sich für seine Lehnstreue und Pflicht, gibt aber dennoch seinen Schild an Hogni, womit er beiden

Seiten weiterhin die Treue hält. Hognis Truppen lassen von Rüdigers Männern daraufhin ab, aber Gernoz' nicht, und er und Rodingeir töten einander.

Rodingeirs Tod trifft die Hunnen hart. Thidrek schickt seinen alten Waffenmeister aus, um den Leichnam zu bergen, doch entgegen seiner Bitte wird dieser von einigen jungen Kriegern begleitet, die sich den darauffolgenden Spott, sie seien Feiglinge, weil sie darum bitten, statt zu kämpfen, nicht gefallen lassen und in den Kampf stürzen. Nach diesem Kampf sind nur noch Gunnar, Hogni und der Waffenmeister übrig, der Thidrek von den Geschehnissen berichtet. Thidrek trauert, doch gleichermaßen macht ihn der Verlust mutig und er fordert Gerechtigkeit von den verbliebenen Niflungen – er wäre sogar damit zufrieden, wenn sie sich ergäben.

Hogni weigert sich. Daraufhin bekämpft Thidrek sie beide und Hogni wird schwer verwundet. Er bittet Thidrek um eine letzte Nacht mit einer Frau, der er am nächsten Morgen sagt, sie solle den Sohn, den sie empfangen habe, Aldrian nennen und ihm den Schlüssel zu Sigurds Keller eines Tages geben.

Währenddessen wird Gunnar von Attila in eine Schlangengrube geworfen und Grimhild tötet ihren letzten, ebenfalls schwer verwundeten Bruder Gislher mit einem brennenden Holzscheit, das sie ihm in den Rachen stößt. Die Hunnen sind von ihrer teuflischen Tat schockiert und Attila selbst fordert ihren Tod. Die Zeit vergeht und auch den goldgierigen Attila ereilt eines Tages sein Schicksal durch Hognis Sohn.

Das Nibelungenlied geht mit einigen Abschnitten anders um als die Thidrekssaga. Ganz zu schweigen von den veränderten Namen (Kriemhild, Siegfried, Gunther, Hagen, ...), ist wohl am nennenswertesten, dass Brynhild/Brünhild in jener Fassung gleich zweimal überlistet wird, denn Gunnar/Gunther muss sie auch in mehreren Wettkämpfen besiegen, was er nur schafft, weil Sigurd/Siegfried seinen Platz einnimmt. Ihre Deflorierung findet auch nur mithilfe einer Tarnkappe statt. Sigurd bekommt in dieser Fassung Grimhild auch nur zur Frau, wenn er Gunnar erfolgreich dabei helfen kann, Brynhild zu umwerben.

Wichtig ist an dieser Fassung außerdem, dass Grimhild widerwillig vorher bei der Auszeichnung von Sigurds Schwachstelle hilft und die Stelle später mit einem Stoffkreuz markiert ist.

Eine weitere gravierende Änderung betrifft hier auch den letzten Kampf mit Thidrek/Dietrich. Dieser nimmt nämlich Gunnar und Hogni/Hagen gefangen und liefert sie Grimhild aus, nachdem sie sich ihm nicht ergeben wollen. Er überlässt Grimhild die Entscheidung und sie gibt Hogni die Chance, ihr zu sagen, wo ihr und Sigurds Schatz sich befindet, den Hogni ihr einst stahl und im Fluss versenkte. Hogni weigert sich; er würde nicht reden, solange einer seiner Herren noch stünde. Daraufhin lässt Grimhild Gunnar enthaupten und zeigt ihm den Kopf – doch er weigert sich immer noch. Grimhild wird wütend und zieht sein Schwert, das er ehemals von Sigurds Leiche raubte, und schlägt ihm den Kopf ab.

Attila/Etzel ist schockiert von ihrer Tat, da sie als Frau einen Helden getötet hatte, und Hildebrand, Thidreks Waffenmeister, wird so wütend, dass er Grimhild tötet. Hildebrand, Attila und Thidrek sind in dieser Version somit die einzigen, die das Geschehen überleben, und der Nibelungenschatz, der einst Sigurd gehörte und dann als Grimhilds Mitgift und Finanzmittel diente, bleibt für alle Zeit verloren.

Eine „Bahrprobe" war ein alter Aberglaube, bei dem die Wunden des Verstorbenen wieder zu bluten beginnen sollten, wenn sein Mörder sich der Bahre näherte.

Das Ende einer Reise – Schlusswort

Nun ist also das Ende dieses literarischen Kurztrips erreicht und es sind noch längst nicht alle Geschichten erzählt. Es gibt noch einige Erzählungen von nordischen Helden und noch einige mehr von den Göttern, die wieder einmal von Loki an der Nase herumgeführt wurden oder ein paar Riesen töteten, noch mehr Geschichten rund um die hier nicht oder nur kurz erwähnten Bewohner wie den Höllenhund Garm oder den Wolf Skoll und seine

Gefährten, die ihr Leben lang Sonne und Mond jagten. Es steht außer Frage, dass es den Rahmen sprengen und den Sinn eines kurzen Ratgebers verfehlen würde, wenn man versuchen würde, tatsächlich alles unterzubringen – ganz zu schweigen davon, dass es ohnehin schwierig ist, da die Fassungen der Erzählungen häufig stark oder wenigstens in ihren Details voneinander abweichen. Einmal wird Thors Angeltrip von dem Riesen Hymir unterbrochen, einmal darf der Donnergott der großen Midgardschlange mit seinem Hammer auf den Kopf schlagen. Einmal ist von Freya die Rede, einmal von Frigg. Einmal ist Loki ein Ase, dann aber ein Riese.

Dieses Phänomen zieht sich durch die meisten der Erzählungen und am Ende kann Ihnen nur geraten werden: Lesen Sie so viele Versionen wie irgend möglich. Die Teile, die übereinstimmen, werden auf jeden Fall wahrhaftig zu dem jeweiligen Mythos gehört haben und die, die voneinander abweichen, müssen eben besonders kritisch betrachtet werden.

Davon ab sollte man auch bei der beliebten und viel zitierten Snorra-Edda nicht aus den Augen verlieren, wann sie geschrieben wurde. Sie mag geschrieben worden sein, um die nordische Sagenwelt für den Rest der Zeit so getreu wie möglich einzufangen, aber es wird vermutlich nie geklärt werden können, ob sie es wirklich getan hat. Nicht nur wegen der zeitlichen Distanz zu historisch inspirierten Erzählungen, sondern auch wegen der christlichen Einflüsse, unter denen auch Snorri Sturluson schon stand.

Verlieren Sie solche Aspekte nicht aus den Augen und Sie werden hoffentlich auch weiterhin immer wieder Neues über die nordische Mythologie erfahren und nie ausgelernt haben, sollte Ihr Interesse nun geweckt sein.

Mögen die alten Götter über Sie wachen!

Literatur

- Coleman, J. A.: The Dictionary of Mythology. An A-Z of Themes, Legends and Heroes. London 2019.

- De Vries, J.: Heldenlied und Heldensage. Bern 1961.

- Ellmers, D: Die archäologischen Quellen zur Germanischen Religionsgeschichte. In: Beck, H.; Ellmers, D.; Schier, K. (Hrsg.): Germanische Religionsgeschichte. Quellen und Quellenprobleme. Berlin 1992.

- Gaiman, N.: Nordische Mythen und Sagen. Eichborn 2017.

- Grimm, J.: Deutsche Mythologie. Wiesbaden 2007.

- Hansen, W. (Hrsg.): Beowulf. Das Heldenepos des Nordens. Daun 2021.

- Heiberg, J. L.: Nordische Mythologie. Aus der Edda

und Oehlenschlägers mythischen Dichtungen. Hamburg 2019.

- Heinzle, J: Das Nibelungenlied und die Klage. Nach der Handschrift 857 der Stiftsbibliothek St. Gallen. Berlin 2015.

- Heinzle, J.: Die Nibelungen. Lied und Sage. Darmstadt 2012.

- Heinzle, J.; Klein, K.; Obhof, U. (Hrsg.): Die Nibelungen. Sage, Epos, Mythos. Wiesbaden 2003.

- Hube, H.-J.: Beowulf. Das angelsächsische Heldenepos. Neue Prosaübersetzung, Originaltext, versgetreue Stabreimfassung. Wiesbaden 2005.

- Hultgård, A.: Ragnarök, ragnarökr. In: Reallexikon der Germanischen Altertumskunde (RGA). Berlin/New York 2003.

- Krause, A. (Hrsg.): Die Edda des Snorri Sturluson. Ditzingen 1997.

- Kristjánsson, J.: Eddas und Sagas. Die mittelalterliche Literatur Islands. Hamburg 1994.

- Líndal, S.: Eine kleine Geschichte Islands. Berlin 2011.

- Lehnert, M. (Hrsg.): Beowulf. Ein altenglisches Heldenepos. Ditzingen 2004.

- Nikolai, H. G.: Völuspá. In altisländischer und

deutscher Sprache. = Offenbarung der Seherin. Frankfurt am Main 2008.

• Orel, Vladimir: A Handbook of Germanic Etymology. Leiden/Boston 2003.

• Ritter-Schaumburg, H.: Die Thidrekssaga oder Didrik von Bern und die Niflungen. St. Goar 1989.

• Schröder, F. R.: Germanische Schöpfungsmythen I-II. In: Germ.-Roman. Monatsschrift 19. 1931. S. 1–26, 81–99.

• Simek, R.: Lexikon der germanischen Mythologie. Stuttgart 1995.

• Simek, R.: Religion und Mythologie der Germanen. Darmstadt 2003.

• Simrock, K. (Hrsg.): Die Edda. Die ältere und jüngere nebst den mythischen Erzählungen der Skalda. Stuttgart 1876.

• Tuchtenhagen, R.: Kleine Geschichte Schwedens. München 2008.

• Von See, K.; u.A.: Kommentar zu den Liedern der Edda. Götterlieder. Heidelberg 1997–2004

Herstellung und Verlag:

BoD – Books on Demand, Norderstedt

ISBN: 9783755724186

1. Auflage

Kontakt: Psiana eCom UG/ Berumer Str. 44/ 26844 Jemgum

Covergestaltung: Fenna Larsson

Coverfoto: depositphotos.com